감수 선생님의 글

어린이 여러분!
과학퀴즈 4편을 읽기 위해 이렇게 책을 펼쳐 주어서 너무 반가워요~
오늘도 졸린 눈 비비며 일어나기, 친구들과 열심히 뛰어놀기, 맛있는 간식 먹기,
게임 하기 등 평소와 다를 바 없는 일상을 보냈겠지요?
그런데 이런 일상을 보내기 위해서 가장 중요한 것이 있는데,
그건 바로 여러분의 건강한 몸이에요.
이 세상에서 가장 소중한 것은 다른 무엇도 아닌 바로 나 자신입니다.
그리고 나 자신을 소중하게 지키려면 먼저 내 몸이 건강해야겠지요?
이번 과학퀴즈 4편 〈인체와 건강〉은 우리의 소중한 몸과 건강을 지키기 위한
상식들로 이루어져 있답니다.

이 책은 우리 몸에서 발생하는 여러 가지 신기한 현상에 대한 다양한 궁금증을 풀어
주고 있어요. 예를 들면, 인체에서 가장 큰 기관은 다름 아닌 피부라는 것, 그래서
한 사람이 평생 벗어버리는 피부의 무게는 48kg 정도라는 사실, 인간의 뼈는
화강암보다 강해서 성냥갑만 한 크기로 10톤을 버틸 수 있는데, 이것은 콘크리트의
4배나 되는 단단함을 지니고 있다는 사실. 이처럼 재미있는 과학 상식 만화와
○X 퀴즈를 풀이하다 보면 어려울 수도 있는 인체에서 일어나는 다양한 현상을
과학적으로 좀 더 쉽게 이해할 수 있을 거예요.

인체에 관해 늘 궁금증을 가지고 있던 어린이라면 누구든지 읽어 보시기를 바라요.
그리고 온 가족이 함께 읽어 본 후 건강해지는 습관에 대한 약속을 한번 해 보세요.
누구보다 건강에 자신 있는 어린이로 성장하기 바랄게요.

회룡초등학교 교사 전순옥

펴낸이의 글

나의 몸은 안녕한가요?

"난 건강하니까 괜찮아. 혹시, 아프면 병원에 가면 되지~"

병원에 가도 고칠 수 없는 병이 아직도 많습니다.
심지어 아직 밝혀지지 않은 질병도 많다지요?
아프기 전에 평소에 조금만 신경 써서 관리해 주면 병원에 자주 가지 않고도
건강하게 살 수 있습니다.

《OX퀴즈 서바이벌100 신기한 과학이야기 4》는 인체와 건강에 대해 궁금하고
흥미 있는 주제들을 모아 재미있게 구성하였습니다.

인체에 관해 평소 잘못 알고 있던 정보를 바로 알려주고,
여러분의 건강한 생활에 도움을 주고자 세상에 나왔습니다.
우리 몸도 게임 속 캐릭터처럼 공격력, 방어력 등의 능력치를 가지고 있다는
사실을 알고 있나요?
눈에 보이지는 않지만, 우리 몸은 항상 나쁜 바이러스들과 싸우고 있답니다.
평소에 공격력, 방어력을 높여 놓으면 나쁜 바이러스들을 쉽게 물리칠 수 있는데,
이 능력치를 면역력이라고 합니다.

이 면역력을 높이려면 건강한 생활 습관이 중요한데요.
규칙적인 식사 습관과 운동, 개인위생은 물론이고 짜증 내거나 화내지 않고
친구들과 사이좋게 지내는 것, 부모님 말씀을 잘 듣는 것도 면역력을 키우는 데
많은 도움이 된답니다.

《OX퀴즈 서바이벌100 신기한 과학이야기 4》와 함께 늘 즐겁고 건강하세요.

버즈파우더(주) 대표이사 박진우

OX맨
승부욕이 강해
무슨 일에든 도전하는 걸
좋아함
OX걸과 짝꿍

용병
전투를 즐김
힘든 일은 도맡아서
하는 스타일

OX걸
평소엔 얌전하고
조용한 성격이지만
화가 나면 까칠해짐
OX맨과 짝꿍

로봇짱
정체불명의 로봇
생각을 읽을 수 없음

나미
메가-Z의 파일럿!
평소엔 평범한 학생
말괄량이 스타일

레드
누군가 위험해 처하면
달려가 도움을 줌

메가-Z
지구 방위를 위해
탄생한 메가-Z
하지만 아직까진
평화로운 지구

캡틴
우리의 영원한 캡틴!
무슨 일이 생기면
항상 먼저 나서서
진두지휘함

닌자
부끄러움을 많이 탐
남들 시선을 피해
은신해서 다님

햄토르
천둥의 햄토르!
작지만 매우 강하고
전투를 즐긴다

좀비
아무 생각이 없음
멍때리면서 산책하기를
좋아함

용용이
경계심이 많지만
친한 사람에겐
애교도 부림

선녀
하계에 내려왔다가
나무꾼을 만남
여린 마음에 나무꾼만을
두고 가지 못해 하계에
남아 생활을 함

다크나이트
용맹함
불같은 성격

마법사
온화한 성격
마을 아이들을 좋아해서
마법으로 아이들을
즐겁게 해주는 걸 좋아함

에일리언
호기심이 많음
우주여행 중 우주인을
만나 함께 다님

바이킹
바다 건너 새로운 땅을
찾아 떠남
모험심이 강함
터프함

우주인
우주비행선의 고장으로
표류 중 에일리언을
만나 도움을 받은 인연
으로 친구가 됨

슬라임
온몸이 액체로 되어 있어
어떠한 모양으로도 변형이
가능함

뱃살공주
사과를 너무 좋아해서
항상 사과를 들고
다니면서 먹음
그로 인해 과체중이 됨
항상 다이어트 중

소시지
캠핑장에서 구워지기 전
탈출함
항상 허둥지둥하고
실수가 많음

잭
어둠을 무서워하는
사람에게 자신을
밝혀 빛이 되어줌
도움 주기를 좋아함

Dr. F
미친 과학자
항상 엉뚱한 실험을
많이 함
프랑켄의 창조자

사신
언제나 사람들과
친해지고 싶어해
마을을 배회하지만
정작 사람들은 외모
때문에 무서워함
그래서 늘 외로움

프랑켄
외모와는 다르게
매우 여리고 착함
꽃과 동물을 좋아함

뱀파이어
차가운 외모지만
속은 따뜻하고
정이 많음

꼬마마녀
귀여운 꼬마마녀
밤하늘이 좋아
빗자루를 타고 하늘을
날아다니는 것을 즐김

늑대인간
사람을 좋아하지만
외모 콤플렉스 때문에
선뜻 앞에 나서지 못함
항상 외로워 보름달이
뜬 밤이면 밤새 움

미라
자신을 드러내기 싫어
온몸에 붕대를 감고 다님
붕대 안의 모습은 아무도
본 사람이 없음

몬스터
앞뒤 안 가리는
불같은 성격
뭐든 일단 저지르고 봄

아이돌-D
남자 아이돌
조용하고 얌전함

엄마몬
잔소리 많음
불같은 성격
전형적인 엄마 스타일

아이돌-i
여자 아이돌
밝은 성격
수다 떠는 걸 좋아함

아빠짱
이해심이 많으며
항상 밝고 상냥하다

강민(츤데레)
바비의 오빠
츤데레 스타일
바비와 항상 티격태격
하면서도 많이 챙겨줌

베이비
매우 똑똑한 아이
태어난 지 얼마 안 되서
걷기 시작하고 말을 함

바비
까칠함
외모에 신경을 많이 씀
인기가 많음

선생님
해박하고 열정적임
스타 강사이며 따르는
제자가 많음

대통령
모든 사람의 말을
잘 들어줌
이해심이 많음

플레이어
게임 속 도트 캐릭터
수동적임
주어진 임무에 충실함

피겨퀸
동계 올림픽의 꽃!
섬세한 연기와 화려한
스핀은 감동 그 자체!

산타짱
아이들에게 인기 짱!
요즘 살이 찐 탓에
조금 힘겨워 보인다

아이스하키맨
동계 올림픽의 영웅!
화려한 퍽 컨트롤과
정확하고 빠른 슈팅은
막아내기가 쉽지 않다

루돌푸
반짝반짝 빛나는 코로
어두운 밤길을 밝히며
산타의 썰매를 끈다

바스켓맨
힘과 스피드, 화려한
스킬까지…!!
그의 농구는 감동이며
경이롭기까지 하다

페르세우스
메두사를 처치한 영웅!
매우 용감하여 그에겐
후퇴란 없다!

도넛맨
알록달록한 머리장식과
화려한 패션으로 자신을
꾸미는 걸 좋아한다

샤샤샥
고독한 미식가!
새로운 맛을 찾기 위해
바다를 떠나 육지까지
올라오게 되는데…

몽몽
귀엽고 애교가 많으며
반짝반짝 애틋한 눈빛
으로 사람들의 마음을
녹인다

디노
오랫동안 빙하에 갇혀
있던 알에서 태어난 공룡!
단순하고 호기심이
많으며 밝고 쾌활함

워리어
매우 용맹하고 칼을 잘 다루며 항상 적진 앞에서 팀을 이끈다

법사
힘이 약하지만 강한 마법을 구사하여 적에게 강력한 데미지를 준다

헌터
그가 화살을 쏘면 백발백중!! 단 한 번도 목표물을 놓쳐 본 일이 없다!

사제
빛의 힘으로 동료들의 사기를 높여준다

어쌔씬
매우 빠르며 은신 능력이 뛰어나 눈에 잘 띄지 않는다

우주 악당
우주 최강 빌런!! 항상 OX랜드를 자기 것으로 만들고 싶어 한다!

삼장법사
불전을 구하기 위해 서역 각국을 지나서 천축으로 떠난다

손오공
작지만 매우 빠르고 힘이 아주 세다!

저팔계
둔하지만 힘 하나는 장사인 저팔계! 많이 먹는 게 단점

사오정
바다 요괴! 형님들을 잘 따르고 용맹함!

찾아보기

1화. 기분이 좋으면 두뇌 회전이 빨라진다? / 14

2화. 우리 몸의 뼈 중 가장 단단한 건 머리뼈다? / 20

3화. 눈 운동은 시력 회복에 도움이 되지 않는다? / 26

4화. 코피가 나면 목을 뒤로 젖혀서 지혈한다? / 32

5화. 소금으로 양치하면 치아에 좋다? / 38

6화. 귀를 뚫으면 어지럼증이 낫는다? / 44

7화. 심장은 한 번도 쉬지 않고 뛴다? / 50

8화. 결핵은 폐에만 생긴다? / 56

9화. 속이 쓰릴 때 우유를 마시면 도움이 된다? / 62

10화. 허리둘레로 심혈관 계통 질환을 예측할 수 있다? / 68

11화. 등을 꼿꼿하게 편 자세가 허리에 좋다? / 74

12화. 동물의 간을 먹으면 사람의 간이 좋아진다? / 80

13화. 인체에서 가장 큰 기관은 피부다? / 86

14화. 갓 태어난 아기의 머리는 약간 찌그러져 있을 수 있다? / 92

15화. 아기는 성인보다 미각이 덜 발달되어 있다? / 98

16화. 변비는 남자보다 여자가 더 심하다? / 104

17화. 음식을 끓이거나 얼리면 식중독균이 죽는다? / 110

18화. 감기를 치료하는 약은 없다? / 116

19화. 손 씻기를 자주 하면 세균과 바이러스로부터 우리 몸을 보호하는 데 큰 도움이 된다? / 122

20화. 부족한 혈액은 언제나 재생된다? / 128

21화. 땀을 많이 흘렸을 때는 소금을 먹어야 한다? / 134

22화. 근육은 운동하는 동안에 자란다? / 140

23화. 채소를 먹으면 우리 몸에 필요한 에너지(열량)를 얻을 수 있다? / 146

24화. 샤워하고 나서 바로 물기를 닦지 않는 것이 좋다? / 152

1화. 기분이 좋으면 두뇌 회전이 빨라진다?

최고의 견공을 뽑는 애견 대회, 하루 전!

두둥!

하아…

응!?

몽몽, 왜 그렇게 한숨을 쉬고 있어?

해설더하기

1화. 기분이 좋으면 두뇌 회전이 빨라진다?

사람의 두뇌 활동은 기분에 영향을 받습니다. 그래서 기분이 나쁘고 우울할 때보다 기분이 좋고 명랑할 때에 훨씬 더 우수한 두뇌 능력을 뽐낼 수 있습니다. 특히나 이전에 느끼거나 경험했던 감각을 몸이 기억해 두고 있다가 이후에 어떤 문제를 풀기 위해 그 기억을 활용해야 하는 일을 '기억 작용'이라고 하는데, 기억 작용은 그 사람의 기분에 따라 크게 달라진다고 합니다. 기분이 좋으면 좋을수록 기억이 잘 나서 문제를 잘 풀게 되고, 기분이 나쁘면 나쁠수록 기억이 잘 나지 않아서 문제를 잘 못 풀게 되는 것입니다.

OX 잠깐퀴즈

① 좌뇌와 우뇌가 하는 역할은 정해져 있다?

② 인간의 뇌는 고통을 느끼지 못한다?

③ 인간은 평생 뇌 기능의 10%밖에 사용하지 못한다?

④ 노인이 낯선 곳으로 이사하면 인지장애나 치매에 걸릴 수도 있다?

① 일반적으로 좌뇌는 언어, 수리, 논리적 사고를 담당하고, 우뇌는 미술, 음악, 상상력을 담당한다고 알려져 있지만 극단적으로 나누어져 있는 것은 아닙니다. (X)
② 뇌는 신체 기관에서 느낀 통증을 해석하는 기관이지만, 뇌 자체는 통증을 느낄 수 없습니다. (O)
③ 널리 알려진 잘못된 상식과는 다르게, 사람들은 뇌의 대부분을 사용하며 살아가고 있습니다. (X)
④ 인간은 본능적으로 익숙한 환경을 좋아하는데, 나이가 들수록 낯선 환경에 적응하는 것을 거부할 확률이 높아 천천히 변화에 적응해야 합니다. (O)

2화. 우리 몸의 뼈 중 가장 단단한 건 머리뼈다?

바로~ 콜로세움입니다!!

가장 강한 전사를 가리는 결투의 결승전!

우와아아아~!!

안녕하십니까~! 가장 강인한 전사를 뽑는 이곳은~

와아아아~!!

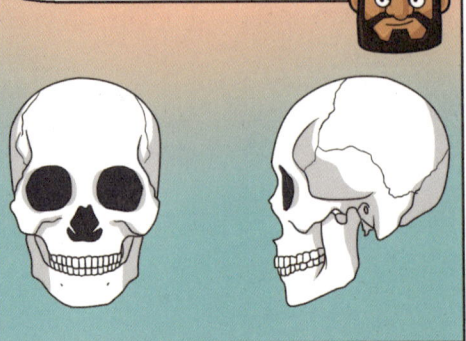

해설더하기

2화. 우리 몸의 뼈 중 가장 단단한 건 머리뼈다?

우리 몸의 수많은 뼈 중 가장 단단한 것은 바로 머리뼈(두개골)입니다. 머리뼈는 다른 부위의 뼈와 달리 봉합 상태로 연결되어 있기 때문에 움직일 수가 없어 특별한 병에 걸리거나 강한 충격이 가해지지 않는다면 뼈의 모양이 흐트러지지 않습니다. 또한, 뼈의 속이 골수로 채워져 있어 더욱 단단한 구조로 되어 있습니다. 인류의 역사에 대해 연구하는 고고학자들은 바로 이 머리뼈의 덕을 톡톡히 보았는데, 아주 오래전에 이 땅에 살았던 인류의 머리뼈가 아직도 남아있어 준 덕분에 우리 조상에 대한 정보를 알아낼 수 있었습니다.

OX 잠깐퀴즈

① 모자나 가발을 써도 머리카락이 더 빠지진 않는다?

② 머리뼈는 단 한 덩어리로 구성되어 있다?

③ 머리뼈에는 구멍이 나 있다?

④ 음료수병이 두개골(머리뼈)보다 단단하다?

① 모자나 가발을 쓰면 두피에 공기가 안 통해 대머리가 된다는 말이 있지만, 근거는 없습니다. (O)
② 머리뼈는 뇌머리뼈, 얼굴뼈, 목뿔뼈(혀뼈), 귓속뼈 등 크게 네 부분으로 나눌 수 있으며, 성인의 경우 8개의 머리뼈가 봉합되어 있습니다. (X)
③ 머리뼈의 부분 중 뇌머리뼈의 바닥에는 수많은 구멍이 존재합니다. 그중 가장 큰 구멍은 뇌와 척수가 연결되어 지나가는 통로입니다. (O)
④ 영화를 보면 병으로 머리를 치는 장면이 많이 등장하는데, 실제로는 두개골이 병보다 2배 이상 약하므로 이것은 매우 위험한 행동입니다. (O)

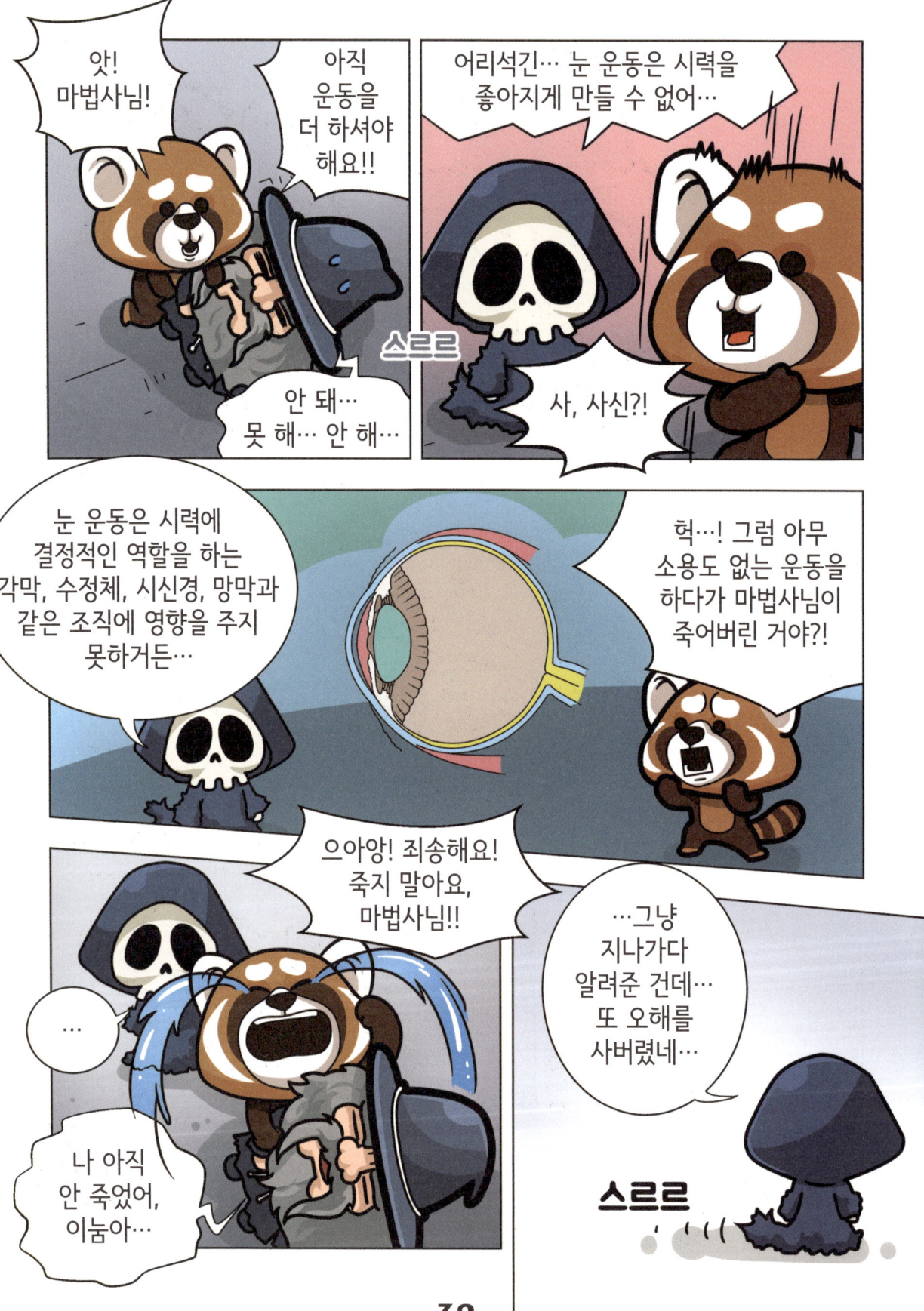

해설더하기

3화. 눈 운동은 시력 회복에 도움이 되지 않는다?

우리 신체의 다양한 기관은 운동이나 훈련을 통해 그 기능을 높일 수 있습니다. 하지만 눈은 그렇지 않습니다. 눈을 열심히 깜빡이거나 눈알을 여러 방향으로 굴리는 것을 반복하는 행위를 흔히 눈 운동이라고 부르지만, 정작 운동 효과는 없습니다. 왜냐하면, 눈 운동이 시력에 결정적인 영향을 주는 각막, 수정체, 시신경, 망막과 같은 조직에 영향을 주지 못하기 때문입니다. 그래서 시력은 나빠지기 전에 관리하는 것이 중요합니다.

OX 잠깐퀴즈

① 임산부는 콘택트렌즈 착용을 피하는 것이 좋다?

② 어두운 곳에서 책을 보면 시력이 나빠진다?

③ 안경을 쓰면 눈이 더 나빠진다?

④ 색약이 있는 사람이 컬러 렌즈를 끼면 색약이 고쳐진다?

① 임신 중에는 각막이 부어오르는 경우가 잦기 때문에 콘택트렌즈를 착용하면 눈에 상처가 생길 가능성이 큽니다. (O)
② 눈이 피로할 따름이지, 시력이 떨어지거나 눈의 기능이 나빠지지는 않습니다. (X)
③ 성장기에 눈이 나빠져 근시 안경을 쓰는 경우, 몸이 자라면서 안구도 함께 자라 기존 안경이 맞지 않는 것이지, 안경 때문에 근시가 심해지는 것은 아닙니다. (X)
④ 색약이나 색맹은 콘택트렌즈로 고칠 수는 없습니다. 다만, 붉은색 렌즈를 끼면 적색만 통과시켜 적색을 밝게 볼 수 있어 색각 검사표를 읽을 수는 있습니다. (X)

해설더하기

4화. 코피가 나면 목을 뒤로 젖혀서 지혈한다?

코피가 나면 피가 흐르는 것을 막으려고 머리를 뒤로 젖히는 경우가 있습니다. 하지만 이런 자세에서는 목 뒤로 피가 넘어가면서 삼킨 피를 토할 수도 있고 호흡곤란이 올 수 있어 오히려 건강에 좋지 않습니다. 올바른 코피 지혈 방법은, 우선 고개를 앞으로 숙이고 코뼈를 손으로 잡은 뒤 솜이나 거즈를 코 안에 넣고 최소 5분간 압박하는 것입니다. 만약 이 방법을 사용했는데도 20분 이상 코피가 멈추지 않는다면 과다 출혈로 쇼크가 발생할 수 있으니 즉시 병원에 가야 합니다.

OX 잠깐퀴즈

① 코 막힘이나 비염이 있으면 코털을 자르거나 뽑는 게 좋다?

② 사람은 빛이 없는 어둠 속에서도 방향을 잡을 수 있다?

③ 양쪽 콧구멍은 항상 뚫려 있다?

④ 코를 세게 풀면 귀가 다친다?

① 코털은 먼지나 유해물질을 차단하는 역할을 하므로 자르지 않는 것이 좋으며, 코털을 뽑는 경우 염증이 생길 수도 있습니다. (X)
② 모든 사람의 코에는 극소량의 철(Fe) 성분이 있어 커다란 자장이 있는 지구에서 방향을 잡기 쉽게 해준다고 합니다. (O)
③ 양쪽 콧구멍은 사실 번갈아 가며 숨을 쉬고 있습니다. 하루 24시간 중 4시간씩 교대로 뚫리게 됩니다. (X)
④ 코는 호흡기나 귀와 연결되어 있어 코를 너무 세게 풀면 코 내부의 압력이 높아지며, 중이염에 걸릴 수도 있습니다. (O)

5화. 소금으로 양치하면 치아에 좋다?

인간 세상에서 살기 시작한 두 친구!

좋아! 오늘부턴 새로운 세상에서 사는 거야!

ㅎㅎ, ㅎㅎㅎ...

샤샤샥! 아직 자는 중이야?

해설더하기

5화. 소금으로 양치하면 치아에 좋다?

치약보다 소금을 묻혀 양치질하는 것이 치아 건강에 더 좋다는 이야기가 있지만, 오히려 소금으로 양치질하는 것은 잇몸과 치아를 손상시킬 수 있습니다. 소금은 입자가 굵고 단단해서 그대로 치아에 닿게 하여 양치질을 하면 잇몸에 상처를 입히고 치아 표면을 갈아 닳게 합니다. 이렇게 잇몸과 치아가 계속해서 상처를 입다 보면 치아 뿌리인 상아질이 드러나며 이가 시리고 신경통이 생길 수 있습니다. 게다가 소금으로 항균 효과를 보려면 생각보다 많은 양의 소금이 필요하다고 하니, 양치질은 치약으로 하는 것이 바람직합니다.

OX 잠깐퀴즈

① 갓난아기는 입안에 충치균이 없다?

② 혀는 다섯 가지 맛을 느낀다?

③ 치약에 물을 묻혀야 이가 잘 닦인다?

④ 양치 후엔 입을 적게 헹구는 것이 좋다?

① 신생아의 입안은 무균 상태로, 습도가 높고 타액과 혀의 움직임 등에 의해 끊임없이 자정작용이 일어나 세균이 쉽게 번식하지 못합니다. (O)
② 혀가 느낄 수 있는 기본 맛은 단맛, 신맛, 짠맛, 쓴맛 그리고 감칠맛으로 총 다섯 가지입니다. (O)
③ 치약이 물에 닿으면 오히려 세정력이 떨어져 양치 효과가 떨어집니다. (X)
④ 양치 후에 입에 남은 치약의 성분은 오히려 입안을 건조하게 해 세균 증식과 입 냄새의 원인이 됩니다. 그러므로 완벽히 헹구는 것이 좋습니다. (X)

6화. 귀를 뚫으면 어지럼증이 낫는다?

어지럼증으로 앓아 누운 가엾은 뱃살공주…

끄응

뱃살공주님, 약은 드셨어요?

응… 약도 먹었는데 낫지를 않네.

헉! 저렇게나 많이!

약상자

해설더하기

6화. 귀를 뚫으면 어지럼증이 낫는다?

귀와 어지럼증이 관련이 있다고 생각하고 어지럼증을 치료하기 위해 귀를 뚫는 사람들이 있습니다. 하지만 이것은 잘못된 믿음이며, 실제로 귀를 뚫는 것과 어지럼증은 아무 관련이 없습니다. 귀와 관련된 어지럼증이 존재하긴 하지만, 이것은 귓불이 아닌 귓속, 내이(內耳)의 문제이기 때문에 귀걸이와는 아무 상관이 없습니다. 그렇기 때문에 어지럼증이 심해 속이 메스껍고 몸이 휘청인다면 귀를 뚫으러 가는 것이 아니라 병원에 가야 합니다.

OX 잠깐퀴즈

① 귓속의 귀지가 귀를 보호한다?

② 귀 안이 가려울 때 손가락을 넣어 긁으면 안 된다?

③ 시끄러운 소리를 많이 들으면 난청이 생긴다?

④ 귀에서 '삐' 소리가 나면 무조건 큰 병에 걸린 것이다?

① 일부 병적으로 심각한 귀지를 제외하고, 귀지는 귓속의 세균 침입과 세균의 발육을 저지하는 역할을 합니다. (O)
② 귀 안에 손가락이 들어가면 자극이 더해져 더 가렵습니다. 대신, 귀 입구 쪽에 볼록 튀어나온 부분을 눌러주면 진정이 됩니다. (O)
③ 소음이 많은 곳에서 일하는 직업을 가진 사람은 보통 사람보다 10~20년 먼저 소음성 난청에 걸릴 수 있습니다. 이어폰 사용을 자주 해도 난청이 빨리 올 수 있습니다. (O)
④ 단기적인 이명은 90% 이상의 사람들이 경험하는 것으로, 큰 병이 아닙니다. 하지만 장기화할 경우 병원을 찾는 것이 좋습니다. (X)

7화. 심장은 한 번도 쉬지 않고 뛴다?

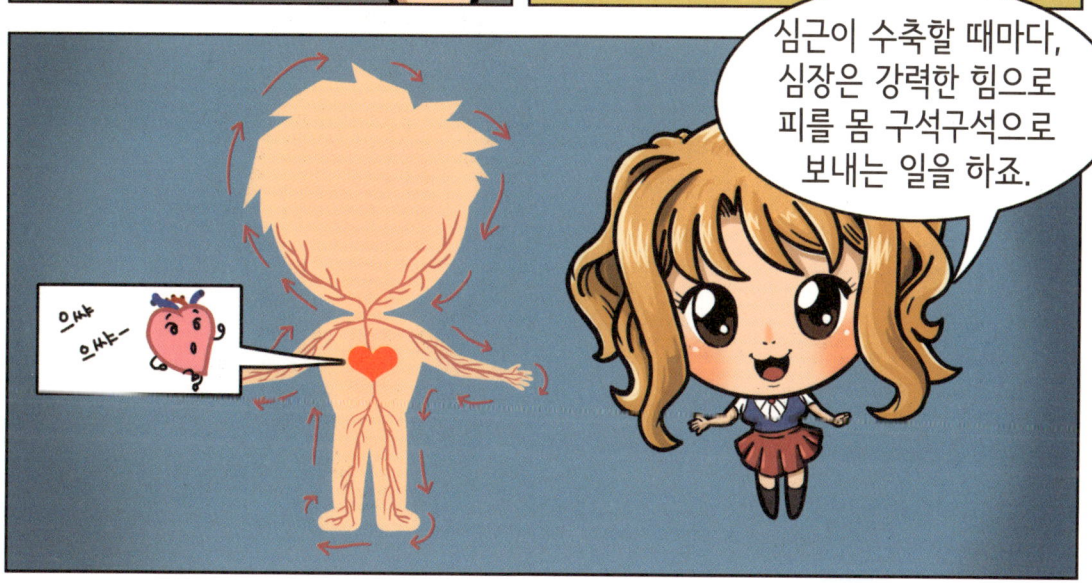

해설더하기

7화. 심장은 한 번도 쉬지 않고 뛴다?

우리 가슴에 손을 대보면 꾸준하게 두근두근 뛰고 있는 심장을 느낄 수 있습니다. 이때 심장을 움직이고 있는 근육을 심근이라고 하는데, 심근은 뇌의 명령과는 별도로 스스로 움직입니다. 심근이 쪼그라들 때면 심장은 강력한 힘으로 혈액을 온몸으로 내보내는데, 이때 다음번 수축을 위해 원래대로 돌아오는 짧은 시간 동안 심근은 휴식을 취합니다. 즉, 심장도 잠시 쉬는 시간이 있는 것입니다. 물론 쪼그라들었던 심장이 원래대로 빵빵해지는 과정을 거치기 때문에 자연스럽게 움직이게 되므로 심장이 멈출 걱정은 하지 않아도 됩니다.

OX 잠깐퀴즈

① 심장은 오른쪽과 왼쪽을 서로 분리할 수 있다?

② 심장을 이식하면 성격이 달라진다?

③ 패스트푸드는 심장에 좋지 않은 음식이다?

④ 기온이 높으면 심장이 무리하게 된다?

① 심장은 우심방-우심실, 좌심방-좌심실로 나누어져 있습니다. 하지만 서로 다른 역할을 맡고 있어 분리할 수 없습니다. (X)
② 성격이나 취향을 담당하는 것은 '뇌'이며, 심장에는 그런 조직이 없습니다. (X)
③ 패스트푸드의 콜레스테롤과 포화지방, 트랜스 지방은 심장병의 위험을 높입니다. (O)
④ 기온이 높아지면 우리 몸은 체온 유지를 위해 혈액을 피부 가까운 곳으로 보내는데, 이때 심박수가 증가하고 혈관이 이완되어 심장 부담이 증가합니다. (O)

해설더하기

8화. 결핵은 폐에만 생긴다?

결핵은 석기 시대의 화석에서도 흔적이 발견될 정도로 오래되었고, 그만큼 인류 역사에서 가장 많은 생명을 앗아간 감염병입니다. 결핵은 우리 몸 어디에나 생길 수 있는 전신 질환이지만, 환자의 85% 이상이 폐에 결핵이 걸리는 폐결핵 환자이기 때문에 '결핵 = 폐병'이라는 인식이 널리 퍼져 있습니다. 하지만 결핵은 폐 외에도 흉막, 림프샘, 뇌, 척추, 관절, 신장, 간, 대장, 복막, 생식기 등에도 생길 수 있습니다. 결핵은 일반적으로 꾸준히 약을 먹으면 완치할 수 있지만, 후유증이 남기도 합니다.

OX 잠깐퀴즈

① 폐는 근육으로 이루어져 있다?

② 감기는 천식을 유발하지 않는다?

③ 독감 예방접종을 하면 감기는 걱정하지 않아도 된다?

④ 폐와 신장은 서로 반응해서 인체 자기장을 형성한다?

① 폐에는 근육이 없습니다. 그러므로 폐는 스스로 운동하지 못해 폐를 둘러싼 횡격막과 갈비뼈의 도움으로 숨을 쉬게 됩니다. (X)
② 천식은 선천적으로 폐가 좋지 않을 경우, 흡연이나 대기 오염으로 인한 외부 요인을 원인으로 발생합니다. (O)
③ 독감과 감기는 다른 질환이기 때문에 독감을 예방해도 감기에 걸릴 수 있습니다. (X)
④ 신장의 골수 움직임과 폐의 감각적 기능은 자기장을 형성해 세균이나 바이러스 침범을 막습니다. (O)

9화. 속이 쓰릴 때 우유를 마시면 도움이 된다?

상쾌하게 공원 산책을 나온 가족들!

… 상쾌하지 않은 듯하다?!

어휴, 겨우 잠들었네요. 몇 시간 만이더라…

해설더하기

9화. 속이 쓰릴 때 우유를 마시면 도움이 된다?

우유는 목 넘김이 부드럽고, 마시면 포만감이 있기 때문에 많은 사람이 속이 쓰릴 때 우유를 먹으면 쓰린 속을 진정시킬 수 있다고 생각하곤 합니다. 하지만 우유 안에 들어있는 풍부한 칼슘이 쓰린 속을 더욱 악화시킬 수 있습니다. 속이 쓰린 이유는 위산이 지나치게 많이 분비되기 때문인데, 우유의 칼슘 성분이 위에 들어가면 위산 분비를 더욱 촉진하여 증상이 더 나빠지기 때문입니다. 그래서 속이 쓰리다면 우유가 아니라 속 쓰림을 완화하는 약을 먹는 것이 좋습니다.

OX 잠깐퀴즈

① 속이 더부룩할 땐 탄산음료를 마시는 것이 좋다?

② 밥을 먹고 졸릴 때, 바로 잠들면 좋지 않다?

③ 속이 울렁거릴 땐 토해버리는 것이 좋다?

④ 밥에 물을 말아먹으면 소화가 잘된다?

① 탄산음료가 오히려 위산 역류를 유발할 수 있기 때문에 소화가 안 될 땐 탄산음료보다 매실액을 마시는 것이 좋습니다. (X)
② 식후 30분 이내에 잠이 들 경우 더부룩함, 트림, 변비 등의 소화기질환에 걸릴 수 있습니다. (O)
③ 반복적인 구토는 식도를 위산에 노출시켜 속 쓰림을 유발하거나 역류성 식도염을 불러올 수 있습니다. (X)
④ 입안에서 음식물과 타액이 잘 섞여 음식물이 잘게 부서져야 소화가 잘되는데, 물이 이 단계를 방해하므로 위에서의 소화 작용에도 방해가 됩니다. (X)

10화. 허리둘레로 심혈관 계통 질환을 예측할 수 있다?

여행 중, 잠시 주막에 들른 둘!

!

저팔계 나으리! 사오정 나으리!

오랜만이야~

오늘은 뭘 드시겠어요?

해설더하기

10화. 허리둘레로 심혈관 계통 질환을 예측할 수 있다?

심혈관계 질환이란 심장과 주요 동맥에 발생하는 병을 말합니다. 그리고 이러한 심혈관계 질환을 예측할 때, 복부 비만을 진단하는 것이 매우 유효한 지표라는 것이 최근 연구 결과를 통해 밝혀졌습니다. 그래서 허리둘레를 측정해 복부 비만을 진단하는 것이 곧 심혈관계 질환을 예측할 수 있는 방법이 되는 것입니다. 한국인의 성인을 기준으로 한다면 보통 남자는 허리둘레가 36인치(91.4㎝), 여자는 32인치(81.3㎝)가 넘는다면 심장마비 및 발작이 생길 확률이 매우 높다고 합니다.

OX 잠깐퀴즈

① 지방질이 많은 음식을 많이 먹어야 혈관에 피가 잘 흘러간다?

② 일교차가 크면 심혈관계 질환이 더 잘 발생한다?

③ 콜레스테롤은 무조건 몸에 나쁘다?

④ 담배와 심혈관 질환은 연관성이 없다?

① 지방질이 많은 음식을 많이 먹으면 혈액 속에 지방 덩어리가 떠다니다가 혈관 벽을 막아 좁게 합니다. 이렇게 되면 피가 잘 흐르지 못합니다. (X)
② 아침과 저녁의 기온 차가 크면 심장과 혈관에 급격한 변화가 생겨, 심하면 심장 발작이나 뇌 발작이 일어날 수 있습니다. (O)
③ 고밀도 콜레스테롤(HDL)은 혈관 벽에 쌓인 콜레스테롤을 간으로 다시 돌려보내 분해해 주는 고마운 혈관 청소부입니다. (X)
④ 담배 한 개비를 피울 때 혈압은 10~20mmHg 정도 높아지며, 각종 유해 성분은 피를 끈적하게 만들고 혈관을 손상시킵니다. (X)

해설더하기

11화. 등을 꼿꼿하게 편 자세가 허리에 좋다?

바른 자세라고 하면 등을 일자로 꼿꼿하게 편 자세를 생각하게 됩니다. 하지만 그와 같은 자세로 오랜 시간 의자에 앉아있는 것이 건강을 위한 최고의 방법은 아니라는 연구 결과가 발표되었습니다. 그렇다면 어떤 자세가 가장 허리 건강에 좋은 영향을 줄까요? 영국의 스코틀랜드와 캐나다 연구진은 등에 불필요한 긴장을 주지 않으려면 135도 각도로 약간 뒤로 젖힌 자세가 가장 좋다고 권장하고 있습니다.

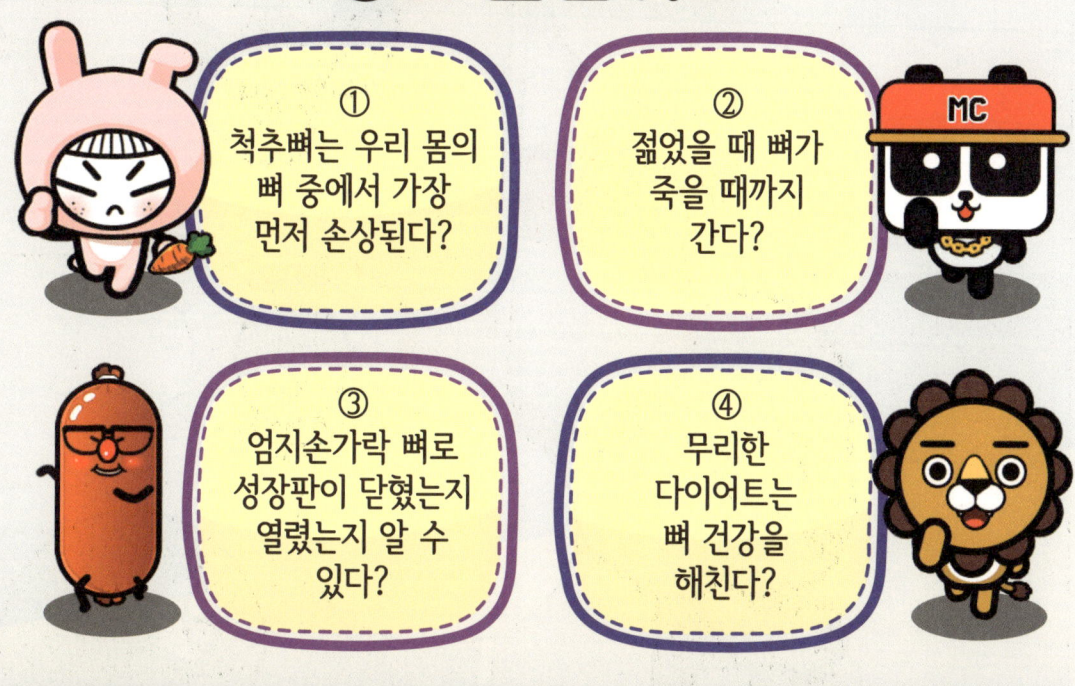

OX 잠깐퀴즈

① 척추뼈는 우리 몸의 뼈 중에서 가장 먼저 손상된다?

② 젊었을 때 뼈가 죽을 때까지 간다?

③ 엄지손가락 뼈로 성장판이 닫혔는지 열렸는지 알 수 있다?

④ 무리한 다이어트는 뼈 건강을 해친다?

① 척추뼈는 내부가 듬성듬성하여 체중과 중력을 견디는 과정에서 쉽게 상할 수 있습니다. (O)
② 뼈는 만들어진 뒤에 계속 그대로 있지 않고 생겼다가 소멸하는 것을 반복하는 대사 과정을 거칩니다. (X)
③ 뼈의 성장판은 X-ray를 통해서만 확인할 수 있기 때문에 엄지손가락 뼈를 보는 것만으로는 성장판에 대해 알 수 없습니다. (X)
④ 갑작스러운 단식은 꼭 필요한 영양소 공급을 막아 신체 면역 체계를 무너뜨리고, 뼈의 건강에도 이상을 줄 수 있습니다. (O)

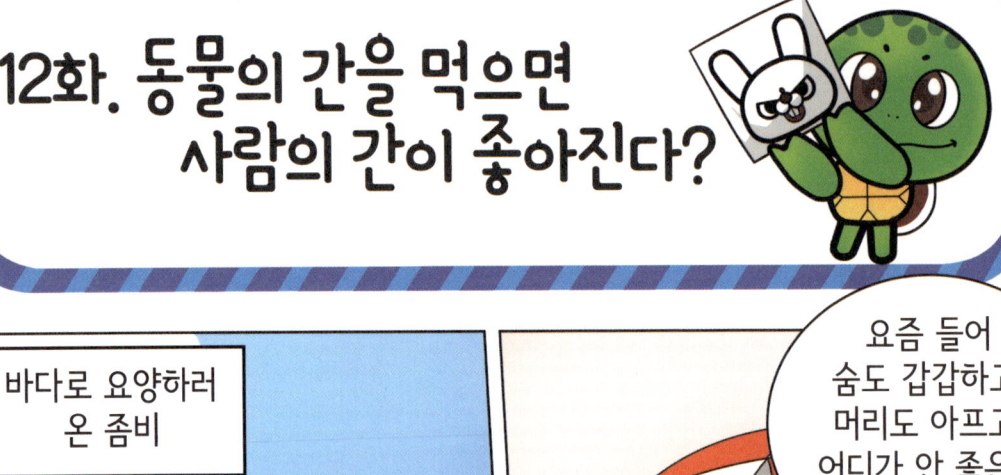

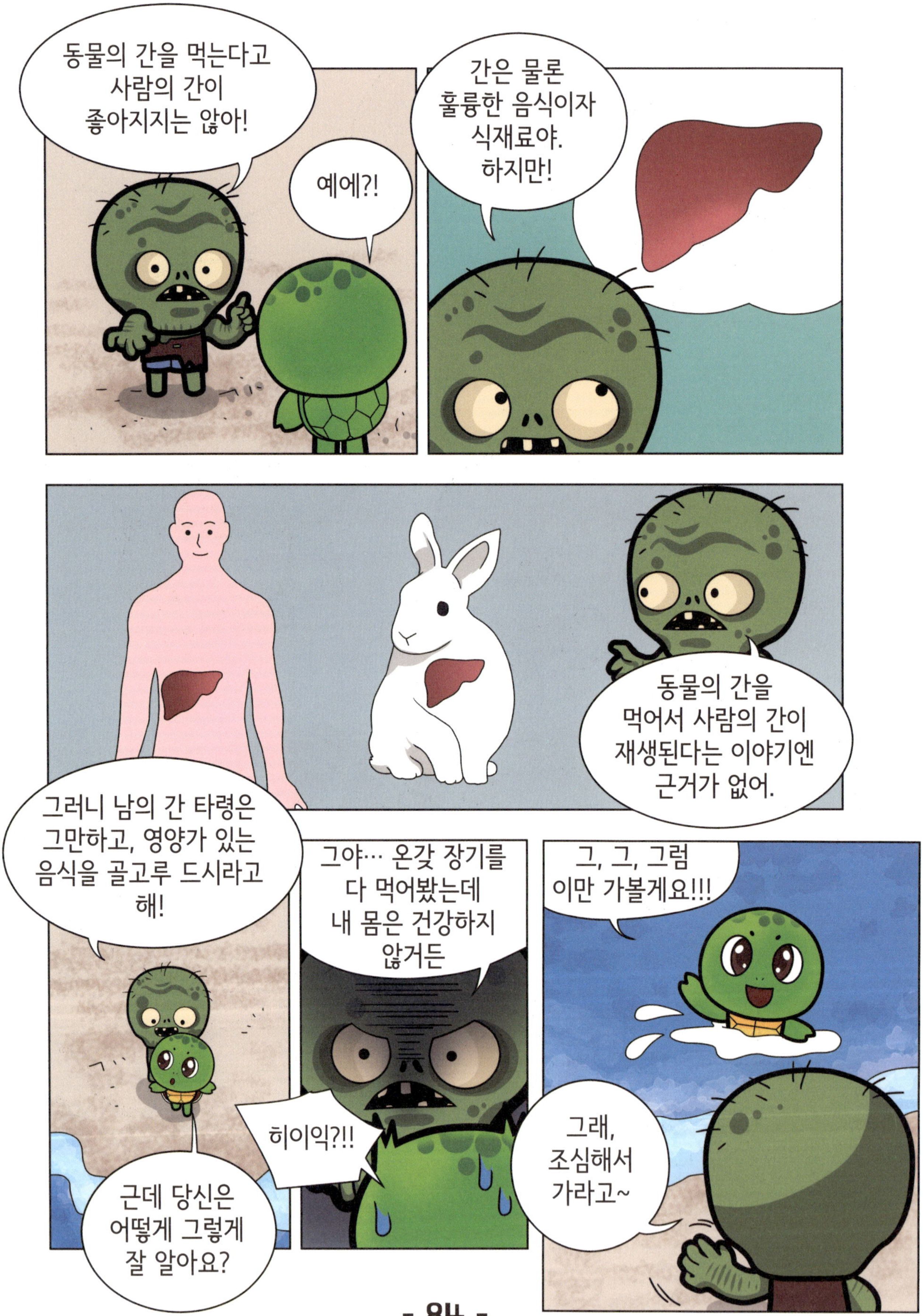

동물의 간을 먹는다고 사람의 간이 좋아지지는 않아!

예에?!

간은 물론 훌륭한 음식이자 식재료야. 하지만!

동물의 간을 먹어서 사람의 간이 재생된다는 이야기엔 근거가 없어.

그러니 남의 간 타령은 그만하고, 영양가 있는 음식을 골고루 드시라고 해!

그야… 온갖 장기를 다 먹어봤는데 내 몸은 건강하지 않거든

그, 그, 그럼 이만 가볼게요!!!

히이익?!

그래, 조심해서 가라고~

근데 당신은 어떻게 그렇게 잘 알아요?

해설더하기

12화. 동물의 간을 먹으면 사람의 간이 좋아진다?

음식으로서 간은 훌륭한 식자재임에 틀림없습니다. 특히 소의 간에는 비타민 A와 철분이 많기 때문에 철분이 부족한 빈혈 환자들이나 생리를 하는 여성들에게 매우 좋은 음식입니다. 하지만 동물의 간을 먹어서 사람의 간이 좋아진다는 근거는 없습니다. 이와 비슷하게 유연한 동물을 먹으면 허리가 좋아지고 눈이 밝은 동물을 먹으면 시력이 좋아진다는 이야기들이 있는데, 이것은 모두 과거부터 퍼져있는 잘못된 민간요법입니다. 정말로 간 건강을 생각한다면 좋은 음식을 골고루 먹는 것이 현명한 방법입니다.

OX 잠깐퀴즈

① 간이 나빠지는 것은 특히 쉽게 알 수 없다?

② 간은 손상되어도 계속 재생된다?

③ 피곤함을 많이 느끼면 반드시 간에 문제가 있는 것이다?

④ 단 음식을 많이 먹는 것이 간에도 좋지 않다?

① 간은 손상을 대비해 충분한 예비 기능을 비축하고 있어 기능이 절반 이하로 떨어져도 특별한 증상이 없습니다. 이 때문에 '침묵의 장기'라는 별명이 있습니다. (O)
② 간은 회복력과 재생력이 가장 뛰어난 장기입니다. 하지만 반복적으로 상처를 입으면 결국 회복이 불가능해집니다. (X)
③ 간 질환의 대표적인 증상이 피로감인 것은 맞지만, 갑상샘 질환이나 당뇨병, 혹은 스트레스만으로도 피곤함을 느낄 수 있습니다. (X)
④ 당분은 간에서 지방으로 변할 수 있기 때문에 당분을 지나치게 섭취하는 것은 간 건강에 좋지 않습니다. (O)

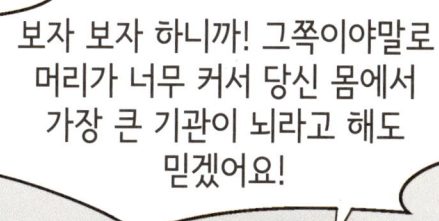

해설더하기

13화. 인체에서 가장 큰 기관은 피부다?

인체에서 가장 큰 기관은, 우리 몸속 다양한 장기 중 하나가 아니라 바로 우리 몸 전체를 감싸고 있는 '피부'입니다. 일반적으로 어른 남자 피부의 넓이는 1.9제곱미터, 여자의 피부 넓이는 1.6제곱미터입니다. 또한, 피부는 끊임없이 벗겨지고 4주마다 완전히 새로운 피부로 바뀌게 됩니다. 비유하자면 천연 완전 방수 가죽 옷을 한 달에 한 번씩 새옷으로 갈아입는 셈입니다. 한 사람이 평생 벗어버리는 피부의 무게는 약 48kg 정도로, 횟수로는 약 1,000번에 달한다고 합니다.

OX 잠깐퀴즈

① 발에 잡힌 물집은 터뜨려야 한다?

② 피부에 이상이 생겼을 때, 자외선 차단제를 바르면 더 덧난다?

③ 상처는 딱지가 생겨야 빨리 아문다?

④ 여드름을 무조건 짜는 것은 좋지 않다?

① 물집 속 액체는 상처를 보호하기 위해 우리 몸이 자연적으로 만들어낸 것이므로 물집은 그냥 두는 것이 좋습니다. (X)
② 자외선에 오래 노출되면 피부에 생긴 문제가 악화하므로 자외선 차단제를 바르는 것이 좋습니다. 다만, 자외선 차단제의 성분을 잘 확인해야 합니다. (X)
③ 상처에 딱지가 앉으면 표피세포가 자라는 것을 방해해 오히려 회복이 느려지고 흉터가 남기 쉽습니다. 그러니 되도록 상처를 촉촉하게 유지하는 것이 좋습니다. (X)
④ 특히나 손으로 굵은 여드름을 짜면 주변의 피부조직까지 밖으로 밀려 나와 흉터가 되고 달 표면처럼 푹 파인 자국이 남을 수 있습니다. (O)

14화. 갓 태어난 아기의 머리는 약간 찌그러져 있을 수 있다?

늦은 밤. 오랜 친구를 찾아온 에일리언

도착했다!

어라? 선녀가 안 보이네.

슈응-

두리번

해설더하기

14화. 갓 태어난 아기의 머리는 약간 찌그러져 있을 수 있다?

출산 경험이 없는 여성이 첫째 아이를 낳았을 때 배 속에서 나온 아기의 머리가 약간 찌그러져 있는 것을 보고 놀라는 경우가 많습니다. 하지만 이것은 지극히 자연스럽고 흔히 일어나는 일이므로 크게 걱정하지 않아도 됩니다. 아기가 엄마의 배 속에 있다가 세상 밖으로 나올 때 엄마의 골반을 지나게 되는데, 이때 엄마의 속 골반이나 통로가 좁을 경우 아기의 머리가 눌려 일시적으로 약간 찌그러질 수 있습니다. 하지만 시간이 지나면서 자연스럽게 다시 동그란 모양으로 돌아가게 됩니다.

OX 잠깐퀴즈

① 아기의 옷을 너무 꽁꽁 싸매면 좋지 않다?

② 신생아의 탯줄은 저절로 떨어진다?

③ 신생아는 여드름이 나지 않는다?

④ 갓난아기는 매일 목욕시키면 안 된다?

① 아기 옷을 너무 꽁꽁 싸매면 탈수가 생겨 열이 날 수 있습니다. 이럴 땐 옷을 가볍게 입혀 열을 낮춰야 합니다. (O)
② 신생아의 몸에 달린 탯줄은 생후 10일 정도 후엔 자연적으로 몸에서 분리됩니다. 다만, 위생을 위해 태어난 날 제거하는 것이 일반적입니다. (O)
③ 엄마 배 속에 있을 때 엄마에게 받은 호르몬 때문에 얼굴에 여드름이 나는 신생아들이 있습니다. (X)
④ 신생아는 기초 체온이 높고 땀을 많이 흘리기 때문에 매일 목욕시켜야 합니다. (X)

해설더하기

15화. 아기는 성인보다 미각이 덜 발달되어 있다?

갓 태어난 아기는 다 자란 성인보다 많은 부분에서 미숙한 것이 사실입니다. 그래서 아기가 느끼는 감각도 성인보다 덜 발달되어 있을 것이라고 생각할 수 있지만, 그렇지 않습니다. 특히나 맛을 느끼는 미각의 경우엔 아기가 성인보다 훨씬 더 섬세하게 느끼는 것으로 밝혀졌습니다. 혀에는 미뢰라고 하는 울퉁불퉁한 부분이 있어 맛을 느낄 수 있는데, 아기의 혀에는 미뢰가 1만 개 이상 분포하고 있습니다. 이것은 성인보다 훨씬 많은 숫자인데, 아기가 자라면서 미뢰의 수는 줄어든다고 합니다.

OX 잠깐퀴즈

① 아기는 얼굴에서 가까운 거리에 있는 것에만 집중할 수 있다?

② 아기는 호흡과 침 삼키기를 동시에 할 수 있다?

③ 갓 태어난 아기도 알록달록한 색을 구분할 수 있다?

④ 아기가 두 살이 되면 어른이 되었을 때의 키를 예측할 수 있다?

① 아기는 시각이 완전히 발달하지 않아 얼굴에서 약 20~25㎝ 거리에 있는 것에만 집중할 수 있습니다. (O)
② 아기는 우유를 효율적으로 먹어야 하기 때문에 생후 약 7개월까지는 호흡과 침 삼키기를 동시에 할 수 있습니다. (O)
③ 갓난아기는 눈 세포가 완전히 발달하지 않아 검은색과 흰색의 대비가 매우 강한 물체가 아닌 이상 색깔을 구분하지 못합니다. (X)
④ 일반적으로 아기의 두 살 때 키는 남자아이의 경우 성인이 되었을 때의 49.5%, 여자아이는 52.8%가량이라고 합니다. (O)

해설더하기

16화. 변비는 남자보다 여자가 더 심하다?

주변을 보면 유독 남자보다 여자가 더 변비에 자주 걸리는 것 같다는 느낌을 받은 적이 있으신가요? 그렇다면 정확하게 느끼신 겁니다. 변비는 실제로 남자보다 여자가 3배 정도 많이 걸리는 질병이기 때문입니다. 그 이유는 여성의 몸에서 만들어지는 '황체 호르몬'에 있습니다. 황체 호르몬은 대장의 운동을 억제하여 대장 운동을 둔하게 합니다. 대장 운동이 둔해지면 배변 활동에 영향을 주어 변비가 생기게 됩니다. 하지만 스트레스나 잘못된 식습관도 변비의 원인이 될 수 있으므로 남자도 충분히 변비에 걸릴 수 있습니다.

OX 잠깐퀴즈

① 똥은 모두 음식물 찌꺼기로만 이루어져 있다?

② 건강식을 먹으면 똥의 냄새가 좋아진다?

③ 하얀색 똥도 있다?

④ 똥을 오래 참는 것은 몸에 좋지 않다?

---

① 똥의 1/3은 음식물 찌꺼기가 맞지만 나머지는 장 속의 세균, 대장에서 떨어져 나온 세포, 수분 등으로 이루어져 있습니다. (X)

② 똥에서 냄새가 나는 것은 똥 속의 박테리아가 유황과 질소 성분을 만들어내기 때문이므로, 건강식과는 상관이 없습니다. (X)

③ 아기는 몸 상태가 좋지 않을 때, 흰 똥을 누기도 한다. 이 경우 담즙 생산이 원활하지 않거나 장염일 수 있으므로 병원에 가야 합니다. (O)

④ 똥을 오래 참을수록 대장이 똥의 수분을 더 흡수하며 똥이 딱딱해집니다. 딱딱한 똥을 누면 대장에 상처가 날 수 있습니다. (O)

해설더하기

17화. 음식을 끓이거나 얼리면 식중독균이 죽는다?

아주 뜨거운 온도나 아주 차가운 온도에서는 균이 죽을 거라고 생각하고 끓이거나 얼린 음식은 무조건 안전하다고 생각하는 경향이 있습니다. 이것은 완전히 틀린 상식은 아니지만, 완전히 맞지도 않습니다. 대부분의 식중독균은 끓이면 없어지지만, '포도상구균'이라는 식중독균은 높은 온도로 가열해도 죽지 않기 때문입니다. 또한, 음식을 꽁꽁 얼리면 식중독균이 죽을 것으로 생각하는 것도 틀린 상식입니다. 영하 15℃ 이하로 얼린 상태에서 균이 잠시 활동을 멈추긴 하지만, 사라지지는 않습니다.

OX 잠깐퀴즈

① 유산균 음료는 헬리코박터균 치료에 효과가 없다?

② 세균은 어디에서나 번식한다?

③ 단 음식을 많이 먹어도 당뇨에 걸리지 않는다?

④ 세균을 없애려면 따뜻한 물로 씻어야 한다?

① 헬리코박터균은 세균의 한 종류이므로, 일정 기간 항생제 병용 치료로만 박멸됩니다. (O)
② 박테리아와 균류는 따뜻하고 습한 곳이면 어디에서든지 번식할 수 있습니다. (O)
③ 당뇨병은 인슐린 분비에 문제가 있어 발생하는 병이지, 단 음식을 먹어서 생기는 병이 아닙니다. (O)
④ 사람의 손이 델 정도로 뜨거운 물로 씻는다면 세균을 박멸시킬 수 있지만, 그렇지 않은 경우엔 찬물과 더운물의 세정 효과는 크게 다르지 않습니다. (X)

18화. 감기를 치료하는 약은 없다?

눈길을 가르는 산타짱과 루돌푸

루돌푸, 꼭 이렇게 두 발로 걸어서 선물을 배달해야 하는 거야?

나도 이렇게까지 하고 싶진 않지만…

해설더하기

18화. 감기를 치료하는 약은 없다?

감기에 걸리면 병원에 가서 감기약을 받게 됩니다. 하지만 우리가 알고 있는 감기약은 사실 감기 바이러스 치료제가 아닙니다. 병원에서 주는 감기약은 기침, 고열, 통증 같은 증상을 억제시켜 몸이 안정을 취할 수 있도록 도와주는 약으로, 편안해진 몸이 바이러스에 대항하는 저항력을 키워주는 역할을 합니다. 바이러스와 싸워 이길 수 있는 면역 능력이 생기면 몸이 스스로 바이러스를 극복할 수 있기 때문입니다. 그러나 최근의 보도에 따르면, 감기 완치를 위한 새로운 물질이 개발되어 주목받고 있습니다.

OX 잠깐퀴즈

① 감기가 심해지면 독감이 된다?

② 감기약에는 수면제가 들어있다?

③ 주사가 약보다 효과가 빠르다?

④ 나이에 따라 먹는 해열제가 다르다?

① 감기는 수십여 종의 바이러스가 단독 혹은 결합하여 발생하는 감염성 질환이지만, 독감은 인플루엔자 바이러스에 의해 발생하는 전혀 다른 질환입니다. (X)
② 감기약에 수면제가 들어있는 것이 아니라, 콧물을 멎게 하는 항히스타민이라는 물질이 중추신경에 작용할 때 졸음이라는 부작용이 생기는 것입니다. (X)
③ 약은 위를 거쳐서 흡수된 후 간에서 대사까지 이뤄져야 효과가 나타나지만, 주사는 혈관을 통해 흡수되기 때문에 바로 효과가 나타납니다. (O)
④ 어린이는 성인보다 받아들일 수 있는 약의 용량이 적기 때문에 성분 과량 복용 위험이 매우 적은 어린이용 해열제를 먹이는 것이 좋습니다. (O)

19화. 손 씻기를 자주 하면 세균과 바이러스로부터 우리 몸을 보호하는 데 큰 도움이 된다?

멋진 동물 선발대회 결승전

멋진 동물 선발대회, 과연 올해의 1등은?!

두구두구-

바로 어흥이입니다!!

와!!

와아아~

그럼 수상자와 인터뷰를 진행해 볼까요?

해설더하기

19화. 손 씻기를 자주 하면 세균과 바이러스로부터 우리 몸을 보호하는 데 큰 도움이 된다?

손은 세균이나 바이러스가 묻은 물체에 가장 많이, 가장 먼저 노출되는 부위이며 동시에 눈이나 입에도 많이 닿아 세균이나 바이러스를 그대로 옮겨올 수 있는 부분입니다. 그래서 손을 자주 씻으면 이러한 위험을 줄여 독감 바이러스를 포함한 호흡기 질환을 21%나 줄일 수 있으며, 이 밖에도 설사성 질환 47%, 소화기 질환 31% 감소 효과가 있습니다. 미국 질병예방통제센터에서는 독감 예방을 포함해 손 씻기의 각종 감염 질환 예방 효과에 주목해 손 씻기를 '셀프백신'으로 부르고 있기도 합니다.

OX 잠깐퀴즈

① 손을 많이 씻는 것이 무조건 좋다?

② 처음 손 씻기의 효과를 발견한 의사는 노벨상을 받았다?

③ 다 씻은 손에서 더 많은 세균이 증식할 수도 있다?

④ 적어도 30초 이상 손을 씻어야 깨끗해진다?

① 손을 자주 씻는 것은 바람직한 행동이지만, 세균에 대한 두려움 때문에 끊임없이 손을 씻는 것은 강박 장애일 수 있으며, 피부 건강에도 좋지 않습니다. (X)
② 처음 손 씻기의 효과를 발견한 의사의 주장은 당시 철저히 무시당했습니다. 의사가 손을 제대로 씻지 않아서 많은 환자가 사망했다는 사실을 받아들일 수 없었기 때문입니다. (X)
③ 손을 씻은 뒤에 잘 말리지 않으면, 건조한 손보다 1,000배 많은 세균이 증식할 수 있습니다. (O)
④ 미지근한 물에 비누를 사용하여 손바닥, 손가락, 마디 사이를 적어도 30초 이상 닦아야 세균을 제거할 수 있습니다. (O)

해설더하기

20화. 부족한 혈액은 언제나 재생된다?

몸속에서 혈액이 빠져나가면 우리 몸은 모자란 만큼의 혈액을 새롭게 만들어냅니다. 또 출혈이 많아지면 몸에 쇼크가 일어나고 최악의 경우 사망할 수도 있기 때문에, 우리 몸 안에는 전체 혈액량의 15%를 비상시를 대비한 여유분으로 가지고 있습니다. 그래서 피가 나더라도 이보다 적은 양이라면 건강에 아무런 지장을 주지 않습니다. 일반적으로 부족한 혈액이 원래대로 돌아오는 데에는 1~2달 정도면 충분하며, 혈소판 헌혈, 혈장 헌혈 등의 성분만 헌혈하는 경우에는 회복되는 속도가 훨씬 빨라 늦어도 2주 안에는 모두 피가 재생됩니다.

OX 잠깐퀴즈

① 혈액형으로 성격과 운세를 점칠 수 있다?

② 나쁜 혈액을 뽑아내면 병이 낫는다?

③ 헌혈을 해도 피가 깨끗해지지 않는다?

④ 사람들의 피를 서로 섞는 것은 매우 위험하다?

① 혈액형은 A형, B형, O형 외에도 수백 가지의 분류 기준이 있습니다. 그래서 A, B, O 혈액형만으로 성격, 운세를 알 수 있다는 이야기에는 근거가 없습니다. (X)
② 오래전에는 정맥을 잘라 피를 뽑는 시술이 이뤄지기도 했지만, 이것은 잘못된 상식이므로 현대 의학에서는 사용되지 않고 있습니다. (X)
③ 헌혈로 피를 뽑은 뒤 재생되는 피도 원래의 피와 같은 성분이기 때문에 특별히 피가 깨끗해지지는 않습니다. (O)
④ 상처 등을 통해 직접적으로 타인과 피를 섞는 행위는 간염 또는 에이즈 바이러스 감염의 위험이 있습니다. (O)

21. 땀을 많이 흘렸을 때는 소금을 먹어야 한다?

많은 팬을 거느리고 있는 아이돌-D

매니저! 오늘 일정 알죠?

그런 그도 누군가의 팬이었는데…

물론이지~ 금방 데려다줄게!

그럼 나는 옷을 갈아입어야지!

오늘이 드디어 경기 날이로구나!

짠!

해설더하기

21화. 땀을 많이 흘렸을 때는 소금을 먹어야 한다?

흐르는 땀을 찍어 먹어 보면 짠맛이 납니다. 우리 몸에서 염분이 빠져나왔기 때문입니다. 그래서 간혹, 땀을 흘린 뒤에 부족해진 염분을 보충해야 한다는 생각 때문에 소금물을 먹는 것이 좋다고 생각하는 경우가 있습니다. 하지만 땀을 흘리게 되면 염분보다 수분이 훨씬 더 많이 빠져나가게 되면서 오히려 몸속의 염분 농도가 높아집니다. 여기에 소금까지 먹게 되면 몸속의 염분 농도가 더 높아지고, 장에서는 과하게 많아진 염분을 흡수하기 위해 수분을 위와 장에 집중하게 됩니다. 이렇게 되면 탈수 현상이 심해질 수 있으므로, 땀을 많이 흘렸을 땐 꼭 충분한 양의 물을 마셔야 합니다.

OX 잠깐퀴즈

① 땀이 잘 안 나는 것이 건강한 것이다?

② 갑자기 땀이 많이 나는 것은 건강 이상의 신호다?

③ 고지방 음식을 먹으면 땀 냄새가 줄어든다?

④ 땀을 많이 흘리면 살이 빠진다?

① 땀은 체온조절 외에도 노폐물 배출의 기능을 합니다. 그래서 땀을 적당히 흘려야 몸속 노폐물을 잘 배출해 건강을 유지할 수 있습니다. (X)
② 날씨가 유독 더워진 것도 아닌데 이전보다 땀이 더 난다면, 스트레스나 피로, 당뇨, 결핵, 심장질환 등의 원인으로 건강이 나빠졌기 때문일 수 있습니다. (O)
③ 고지방 음식을 먹으면 체취가 심해지면서 땀 냄새도 심해집니다. 땀 냄새를 줄이려면 비타민이 풍부한 음식을 먹는 것이 좋습니다. (X)
④ 땀을 많이 흘려 일시적으로 빠져나간 수분 때문에 몸무게가 줄어들 수 있지만, 체지방이 줄어드는 것이 아니므로 곧 수분이 충전되면 몸무게는 그대로 돌아옵니다. (X)

해설더하기

22화. 근육은 운동하는 동안에 자란다?

근육을 단련하기 위해서는 쉬지 않고 운동을 해야 할 것 같지만, 사실 근육은 운동하는 동안에 자라는 것이 아닙니다. 근육은 운동을 마친 뒤 휴식을 취하고 피로에서 회복하는 기간에 자란답니다. 그래서 효과적으로 근육을 단련하려면 쉴 틈 없이 근육운동을 하는 것보다는 일주일에 3~4번 정도 운동을 하고 쉬는 시간을 만들어주는 것이 피로감도 덜하고 근육을 단련하는 데에도 효과적입니다.

OX 잠깐퀴즈

① 실외 조깅보다 실내에서 러닝머신을 쓰는 것이 운동 효과가 더 좋다?

② 모든 사람은 식스팩을 가지고 있다?

③ 많이 움직이면 무조건 운동 효과가 있다?

④ 근육통이 있어야 운동이 잘된 것이다?

① 실외 러닝은 바람의 저항과 지면을 차고 나가는 힘 등의 운동 요소가 더 많아 러닝머신보다 운동 효과가 더 좋습니다. (X)
② 복부 지방에 가려져 있을 뿐, 사실 모든 사람의 배에는 식스팩이 자리하고 있습니다. (O)
③ 잘못된 자세로 운동하면 오히려 몸이 비뚤어지거나 건강을 해칠 수 있으므로, 제대로 된 자세로 적당히 운동하는 것이 중요합니다. (X)
④ 근육통 없이도 근육이 자라는 경우가 있고, 반대로 근육통이 있어도 근육이 퇴화하는 경우도 있습니다. (X)

해설더하기

23화. 채소를 먹으면 우리 몸에 필요한 에너지(열량)를 얻을 수 있다?

식사를 하면 모든 음식이 다 우리 몸에서 에너지를 만들어낼 것 같지만, 그렇지 않습니다. 우리가 먹는 채소에는 비타민이라는 영양소가 풍부한데, 비타민은 열량을 만들어내지 않기 때문입니다. 대신, 비타민은 다른 영양소의 흡수를 도와주고 눈이 잘 보이게 해주고, 혈관을 튼튼하게 해주고, 피부를 건강하게 해줍니다. 우리 몸에서 에너지를 만들어내는 열량 공급 영양소는 탄수화물과 지방, 단백질입니다.

OX 잠깐퀴즈

① 우리 몸에 필요한 영양소 중 섬유질은 흡수가 거의 안 된다?

② 음식을 많이 먹으면 영양소를 풍부하게 흡수할 수 있다?

③ 탄수화물은 아무리 먹어도 부족하지 않다?

④ 지방도 우리 몸에 꼭 필요한 영양소다?

① 섬유질은 몸에서 흡수가 거의 안 되면서 배를 부르게 하는 역할이 있어, 체중을 줄이기 위해 섬유소가 풍부한 식품을 많이 먹으면 도움이 됩니다. (O)
② 음식마다 포함하고 있는 영양소가 다르므로, 무조건 양을 많이 먹기보다는 여러 가지를 골고루 먹는 것이 중요합니다. (X)
③ 탄수화물을 지나치게 많이 먹으면 몸속에 남아 지방으로 저장됩니다. 지방이 많아지면 질병으로 이어질 수 있습니다. (X)
④ 지방은 우리 몸의 가장 기본적인 에너지원으로, 특히 심장은 에너지 대부분을 지방에서 얻습니다. 적당한 지방은 우리 몸에 꼭 필요합니다. (O)

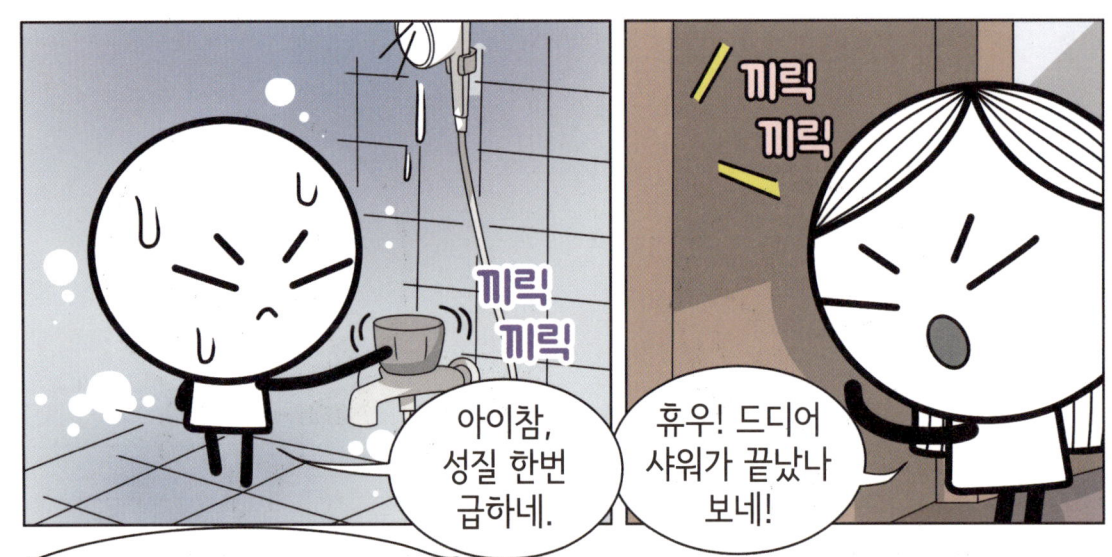

해설더하기

24화. 샤워하고 나서 바로 물기를 닦지 않는 것이 좋다?

샤워를 마친 뒤 마른 수건으로 몸에 남은 물기를 빠르게 닦아버리는 경우가 많은데, 이것은 피부 건강을 위한 최고의 방법이 아닙니다. 피부도 숨을 쉴 시간이 필요하기 때문입니다. 바로 물기를 닦지 않으면 그동안 피부는 남은 수분을 빨아들이고 탄력을 되찾게 됩니다. 그렇기 때문에 저절로 마를 때까지 내버려 두는 것이 좋으며, 체온이 떨어지는 것이 걱정된다면 가벼운 샤워 가운을 입고 기다리는 것도 좋은 방법입니다.

OX 잠깐퀴즈

① 샤워를 매일 하는 것은 바람직하지 않다?

② 뜨거운 물로 머리를 감으면 기름기가 잘 씻긴다?

③ 샤워기를 직접 얼굴에 대고 세수하는 것은 좋지 않다?

④ 노인들은 차가운 물로 샤워하는 것이 좋다?

① 샤워를 너무 자주 하면 피부를 탄력 있게 유지해주는 기름기가 줄어들고 감염을 막아주는 좋은 박테리아들이 씻겨 내려가 버립니다. (O)
② 뜨거운 물은 머리카락을 푸석하게 만들 뿐 아니라, 두피의 피지선을 자극해 오히려 기름을 더 많이 분비하게 합니다. (X)
③ 얼굴 피부는 몸보다 약하기 때문에 높은 수압의 샤워기 물을 직접 얼굴에 대고 오래 있다 보면 피부 장벽이 손상될 수 있습니다. (O)
④ 노인들은 심장이 약한 경우가 많아 찬물 샤워가 위험할 수 있습니다. 따뜻한 물로 샤워하는 것은 우울감을 없애는 효과도 있기 때문에 미온수로 샤워하는 것이 좋습니다. (X)

OX퀴즈 서바이벌100
신기한 과학 이야기 4

초판 인쇄일 | 2019년 01월 15일
초판 발행일 | 2019년 01월 20일

글쓴이 | 윤나라
그린이 | 박은숙, 조은혜
감　수 | 전순옥(회룡초등학교 교사)

펴낸곳 | 버즈파우더(주)
펴낸이 | 박진우 · 박인호
편집책임 | 신정구
편　집 | 김지욱
마케팅 | 김찬 · 박영국

주　소 | (07574) 서울특별시 강서구 양천로 452, A동 407호
전　화 | (070) 4077-1100
팩　스 | (070) 7500-2025
이메일 | odir@naver.com
홈페이지 | https://game.nanoo.so/oxquizsurvival

등록번호 | 제2018-000027호
등록일 | 2018년 2월 27일

이 책은 저작권법에 따라 보호를 받는 저작물이므로 (주)버즈파우더의 동의 없이
이 책에 실린 글과 그림을 인용·복제하거나, 전산장치에 저장·전파할 수 없습니다.

ⓒ 버즈파우더(주) 2019
ISBN 979-11-963353-2-8(67450)
잘못된 책은 구입하신 서점에서 교환해 드립니다.

표지 · 본문 | 버즈파우더(주), design창(010·9135·6994)